LESEN

AF645909

Bibliografische Information der Deutschen Nationalbibliothek
Die Deutsche Nationalbibliothek verzeichnet diese Publikation in der Deutschen Nationalbibliografie; detaillierte bibliografische Daten sind im Internet über dnb.de abrufbar.

3., überarb. Auflage 2024

ISBN 978-3-94212248-1 (Vorgängernr. 978-3-94212237-5)

Illustrationen und Gestaltung: D. Orie
Titeltypografie: Kurzi Shortriver, https://shortriver.de
komplette Ökoproduktion (Bio-Farben, zertifiziertes Recyclingpapier, klimaneutral gedruckt u. versandt, dieUmwelt-Druckerei, Hannover)
www.isb-oldenburg.de

THOMÉ UND THOMÉ

AB 5 JAHREN

LESEN MIT BIENE FROSCH UND HASE

Leseheft 1

3., überarb. Auflage

isb. Fachverlag

DAS BUCH GEHÖRT:

Inhalt

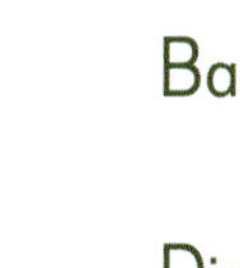

Zum Vorlesen:

BIENE, FROSCH und HASE

Es ist ein schöner und warmer Sommertag.

Auf einer grünen Wiese

mit vielen bunten Blumen und einem Teich

treffen sich die drei Freunde

BIENE, FROSCH und HASE.

„Ich kann schon lesen!", ruft BIENE

ganz stolz und macht sich größer als sie ist.

„Pah, ich kann schon lange lesen!",

meint HASE und grinst ganz überlegen.

„Und ich konnte schon lesen, als ihr noch

ganz klein wart!", quakt FROSCH laut.

Dazu macht er einen großen Luftsprung.

HASE ist nun neugierig geworden.

Er fragt seine Freunde:

"Was könnt ihr denn schon

alles lesen?"

„Ich kann schon BIENE lesen", meint BIENE.

„Das ist doch gar nichts", ruft FROSCH.

„Ich kann FROSCH lesen. Und du, HASE?

Was kannst du?"

"Also, ich kann auf alle Fälle sogar schon HASE lesen. Dann kann ich, also dann … hm."

Er überlegt. Er überlegt lange.

Dann räuspert er sich umständlich und sagt:

„Also sonst noch nichts, glaube ich.

Aber meinen Namen, den kann ich prima lesen."

FROSCH hat nun eine Idee:

„Hier kommt doch immer ein Junge nach der Schule vorbei.

Er macht mittags eine kleine Pause am Teich.

Ihr wisst doch, wen ich meine?

BIENE und HASE nicken.

„Klar! Den kennen wir. Der lernt gerade lesen. Aber er hat viele Hefte und Bücher und wir nicht."

„Vielleicht kann er uns helfen?", fragt FROSCH.

BIENE ist vorsichtig:
„Bestimmt nicht, das macht der nie.
Er ist auch viel zu groß.
Der zerquetscht uns eher."

"Da kommt der Junge ja. Schaut mal!",
flüstert HASE ganz aufgeregt.
Er versteckt sich schnell
hinter ein paar dichten Halmen.
„Toll! Er legt sich ins Gras. Jetzt schlägt er wieder sein Buch auf. Er fängt an zu lesen."

Unsere drei Freunde haben Glück, denn
nach einer Weile wird der Junge müde.
Er schläft ein. Das Buch liegt im Gras.

Vorsichtig wollen sich BIENE und HASE heranschleichen.

FROSCH ist der jüngste und frechste von ihnen. Er hüpft sofort hin, blättert in dem Buch und ruft: „Guckt mal, da ist eine BIENE. Und da ist sogar ein FROSCH."

Jetzt kommen natürlich auch HASE und BIENE noch näher. Die Bilder wollen sie sehen.

„Hier ist ja ein HASE! Ich kann das Wort genau lesen", ruft HASE begeistert.

„Los, wir lernen jetzt zusammen lesen!"

Wenn Sie ihr Kind beim ersten Lesen auf den folgenden Seiten optimal begleiten möchten, beachten Sie bitte die Erläuterungen ab Seite 36.

FÜR KINDER:

WÖRTER, REIME
KLEINE GEDICHTE

BIENE

HASE

FROSCH

BIENE

FROSCH

HASE

BAUM

DER BAUM
EIN BAUM

H

A

S

E

___ ___ ___ ___

DER HASE

DER FROSCH

H AU S

M AU S

DAS HAUS

DIE MAUS

DER **HASE**

DAS IST EIN HASE.

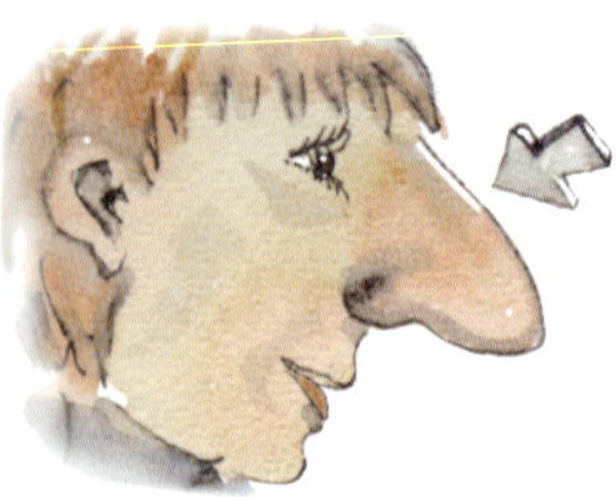

DIE **NASE**

DAS IST EINE NASE.

DAS HAUS

DIE MAUS

DER KLAUS

AUS

DER WURM

DER TURM

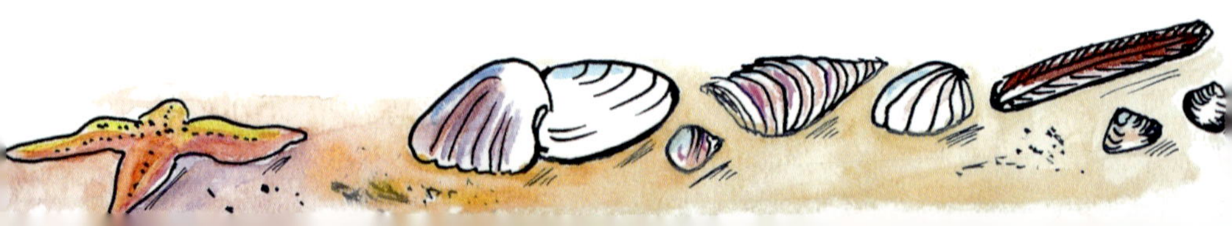

EIN FROSCH

KEIN FROSCH

ROT BLAU

EIN TURM

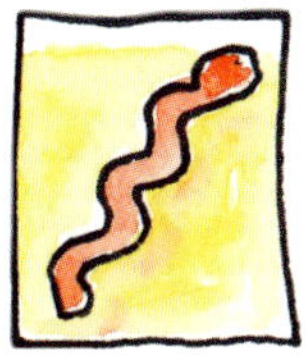

EIN WURM

NEBEN
DEM TURM
IST
EIN WURM.

EIN FISCH

DAS IST EIN FISCH.

EIN TISCH

DAS IST EIN TISCH.

DER LÖWE

DIE MÖWE

EINE MÖWE
2 MÖWEN

INSEL

DIE INSEL

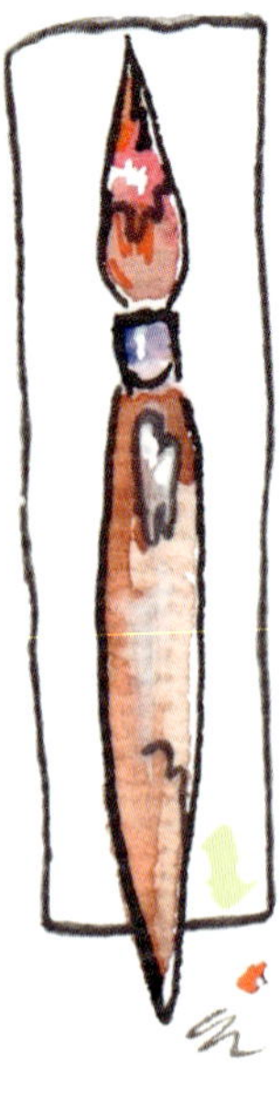

PINSEL

DER PINSEL

DIE **DOSE**

DIE **ROSE**

DIE **HOSE**

DIE **H<u>O</u>SE**

DER **H<u>A</u>SE**

EIN HASE

IST

IM GRASE.

WO IST
DER HASE?

EIN HASE

MIT

EINER NASE

IST

IM GRASE.

DAS BUCH
DAS TUCH

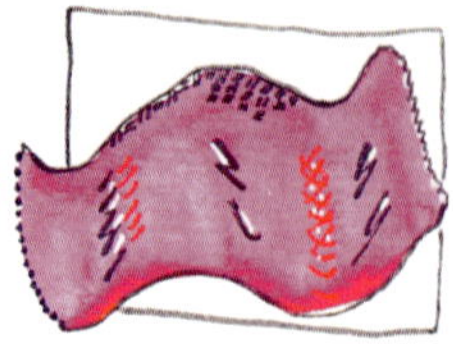

DER TISCH
DER FISCH

DER RIESE
DIE WIESE

DAS GLAS
DAS GRAS

WO IST DAS BUCH?

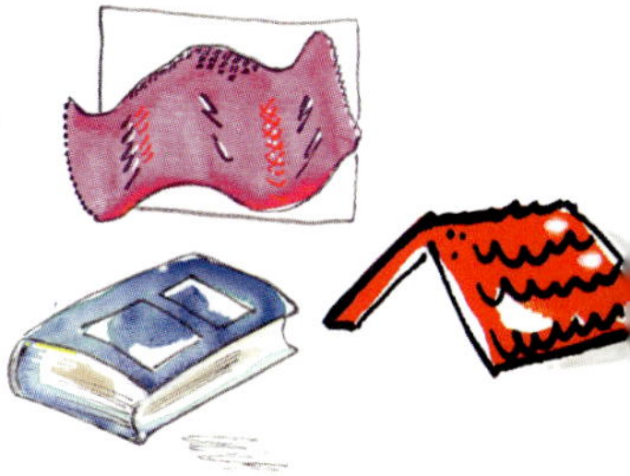

WO IST DIE BIENE?

WO IST DIE MAUS?

WO IST DAS EIS?

WO IST DIE HOSE?

EINS

ZWEI

DREI

FLIEGEN-

BREI

SIEBEN

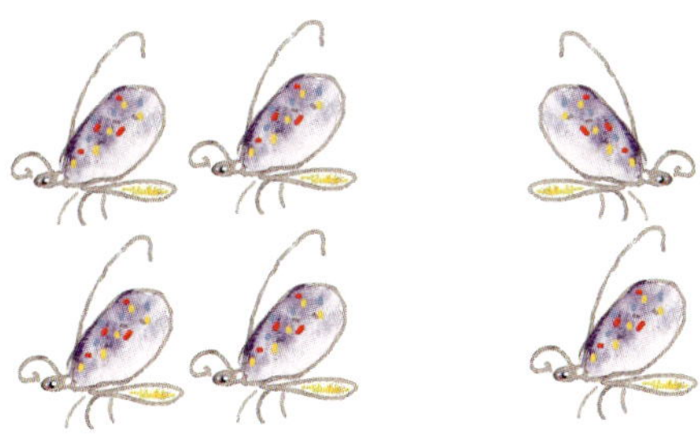

ACHT

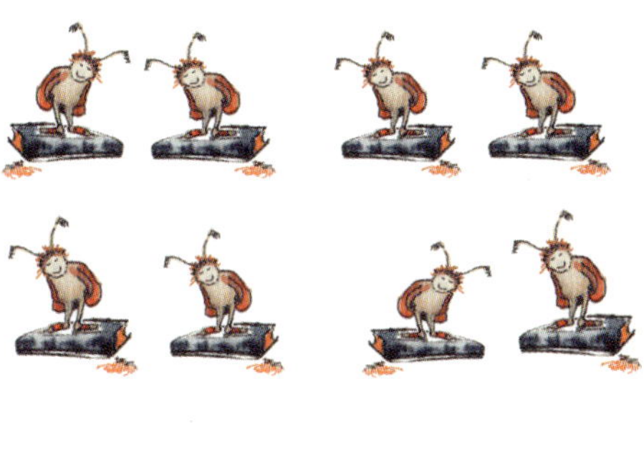

GUTE

NACHT

NUN

DIE AUGEN

ZU-

GE-

MACHT.

Basiskonzept Lesen: das Leseheft 1

Mit diesem kleinen, aber feinen Heft haben nun schon viele Kinder das Lesen gelernt! Das ist eine sehr große Freude und ein Ansporn für uns!

Wir haben **BIENE** als erstes Wort gewählt, weil Ihr Kind dadurch lernen soll, dass Schriftzeichen, die für einen Laut geschrieben werden, auch aus zwei oder drei Buchstaben bestehen können. In diesem Fall bildet das **IE** gleichzeitig ein wichtiges Korrektiv für die vielen falschen Informationen, die den Kindern in den meisten Abc- oder Anlauttabellen mit Beispielwörtern wie *Igel, Tiger* oder *Biber* gegeben werden. Hier wird nämlich ignoriert, dass der lange i-Laut nur in weniger als 8,5 Prozent aller Fälle mit einem einfachen i-Buchstaben geschrieben wird. In über 72 Prozent wird er mit IE verschriftet, wie in *die, sie* oder *wieder*.

Die Wörter BIEN**E** und **HASE** haben wir außerdem gewählt, um den letzten Laut in beiden Wörtern mit dem Endungs-e vorzustellen. Dieser Laut ist der häufigste und erstaunlicherweise der unbekannteste Vokal im Deutschen!

Sprechen Sie bitte einmal die Wörter BIENE und HASE „ganz normal“ aus. Sie haben dann nicht BIENEEE oder HASEEE gesagt, also den Buchstabennamen für E verwendet, sondern hoffentlich das sog. Schwa, manche sagen auch Murmel-e dazu. Dieser Laut klingt so ähnlich wie der unbestimmte Artikel ***a*** im Englischen, beispielsweise ***a*** *frog*. Mit dem Buchstabennamen E, der lang ausgesprochen wird, kommt man hier nicht weiter bzw. bringt man den Kindern etwas Falsches bei. Im Wort HAS**E** ist (außer diesem letzten Laut) keine Besonderheit zu beachten. Hier steht für jeden Laut immer nur ein Buchstabe. Wenn es doch nur immer so einfach wäre!

Das Wort **FROSCH** bietet mehrere „Spezialitäten“. Der o-Laut ist ein Kurzvokal und daher nicht mit dem Buchstabennamen OOO zu benennen. Der letzte Laut im Wort FRO**SCH** wird sogar mit drei Buchstaben (SCH) geschrieben, die sich aber wirklich nur auf einen einzigen Laut beziehen. Daneben ist der aus zwei Konsonanten bestehende Anfang **F** und **R** für etliche Kinder und besonders auch für Kinder mit anderen Muttersprachen nicht einfach auszusprechen und stellt eine echte Herausforderung dar, die man nicht unterschätzen sollte.

Wenn man sagt, der Buchstabe M steht für den m-Laut, kann das mit Wörtern wie **M**AUS oder **M**AMA ganz einfach bewiesen werden. Das geht bei Konsonanten und Langvokalen einigermaßen gut, aber bei den Kurzvokalen funktioniert es **nicht**. Sonst wären die Wörter

OFEN und **O**FFEN
M**IE**TE und M**I**TTE
ST**AA**T und ST**A**DT

lautlich gleich. Ihre Andersschreibung erklärt sich aus der unterschiedlichen Länge der Vokale. Die verschiedenen Lang- und Kurzvokale kann man aber **nicht** über die Buchstabennamen A, E, I, O, U, die ausschließlich Langvokale sind, erschließen.

Es hat lange gedauert, bis es sich durchgesetzt hat, dass man den Kindern für die Konsonanten **nicht mehr den Buchstabennamen** nennt, sondern den Lautwert, also nicht Em und En sagt, sondern m und n. Im Basiskonzept wird dieser wichtige Aspekt endlich auch systematisch für die Aussprache der **Vokale**, besonders für die immer wieder unterschlagenen **Kurzvokale**, angewendet. Im Wort *Sonne* ist z. B. kein langes OOO und auch kein langes EEE enthalten.

Ebenso wichtig ist es, dass wir die **korrekten schriftlichen Einheiten** vorgeben, beispielsweise ch, ie, au, sch oder ei.

Die Kinder erhalten nur dann die richtigen Informationen, die sie brauchen, und müssen nicht mehr mühsam umlernen und ihr buchstabenorientiertes Lesen zu echten Wörtern „verschleifen". Diese Verbesserungen sind besonders für Kinder, die sich – aus welchen Gründen auch immer – mit der Schrift schwertun, von sehr großem Nutzen.

Es entbehrt jeglicher pädagogischer und linguistischer Fundierung, sprachliche und schriftliche Ausnahmen zeitlich vor grundlegenden Einheiten zu vermitteln. Unter dem bewährten Leitgedanken „**Häufiges zuerst, Seltenes später**" werden nach dem Basiskonzept die Grundlagen vor den Ausnahmen eingeführt. Es sind die **Basisschreibungen** (Hauptschreibungen), die durchschnittlich 90 Prozent aller Schreibeinheiten im Deutschen ausmachen. Das schätzen wir nicht einfach, sondern haben dieses Verhältnis in einer umfangreichen 100.000er-Untersuchung erhoben. Die meisten der Basisschreibungen (siehe folgende Tabelle) sind im vorliegenden Lesematerial enthalten. Die seltenen Nebenschreibungen (wie v, ll, nn, ss oder eh, ih) umfassen nur rund 10 Prozent aller Schreibungen. Diese werden erst **nach** den Basisschreibungen behandelt.

Um Ihnen einen abschließenden Eindruck zu vermitteln, wie häufig die Basisschreibungen sind, haben wir diesen letzten Satz einmal mit grüner oder rötlicher Farbe markiert.*

Basisschreibungen: zuerst (90 Prozent)

Nebenschreibungen: später (10 Prozent)

* Es sind hier 111 Basis- und 12 Nebenschreibungen.

Die wichtigen Basisschreibungen

In der Tabelle werden zuerst die Vokalschreibungen und dann die Konsonantenschreibungen nach ihrer Häufigkeit in deutschen Texten gezeigt. Alle in diesem Leseheft 1 enthaltenen Basisschreibungen sind hier grün markiert, in Schrägstrichen stehen die Lautzeichen (mehr Informationen unter www.isb-oldenburg.de).

E /ə/	I /ɪ/	A /ɑ/	EI /ɑ͜ɪ/	E /eː/	A /aː/
E /ɛ/	IE /iː/	U /ʊ/	O /ɔ/	AU /ɑ͜ʊ/	U /uː/
O /oː/	Ü /yː/	Ü /ʏ/	Ö /øː/	EU /ɔ͜ʏ/	Ä /ɛː/
Ö /œ/					
N /n/	R /r/	T /t/	D /d/	L /l/	S /s/
CH /x/	S /z/	M /m/	W /v/	G /g/	B /b/
F /f/	H /h/	K /k/	Z /t͜s/	SCH /ʃ/	NG /ŋ/
P /p/	J /j/	PF /p͜f/	CHS /k͜s/	© Thomé und Thomé	

Übersicht über das Basiskonzept Lesen

Lesematerial: Besser lesen lernen: erste Schrifterfahrung
Lesematerial: DEUTSCH: 1. WÖRTER LEGEN UND LESEN.
Leseheft 1: die wichtigsten Großbuchstaben
Leseheft 2: alle Groß- und erste Kleinbuchstaben
Leseheft 3: eine erste kleine Geschichte, sehr leicht lesbar

Weitere Titel zur Leseförderung (ab 7 Jahren):
Paul Maar: **Klabautermann an Bord**. Schrifteinheiten nach dem Basiskonzept, mit Fragen zum Text
Heike Becker: **Leon sagt NEIN!** Ein Stark-mach-Heft zum Thema Mobbing in der Schule
Leonie und das Foto im Netz – ein Titel zur Prävention von Cyber-Mobbing
Gerheid Scheerer-Neumann: **Wer klaut hier Masken?** – ein spannender Kinderkrimi
Wolfgang Steinig: **Koni – der Fremde aus dem All,** Umwelt, Freundschaft und ein Außerirdischer

NICHT
SO
IST
DEN
AUS
der
ich